Transcendance

TRANSCENDANCE

LUCIE MOMDJIAN

Mentions légales :

Édition : BoD – Books on Demand, info@bod.fr

Impression : BoD – Books on Demand, In de Tarpen 42,
Norderstedt (Allemagne)
Impression à la demande

ISBN : 978-2-3221-8174-0
Dépôt légal : Mars 2022

TABLE DES MATIERES

ԱՂՅՈՒՍԱԿ

introduction

Ce recueil de poèmes est un cri du cœur et j'ai écrit par inspiration

Tout le livre est une inspiration et j'écris en état de transe...

Je ne me suis jamais penchée sur l'écriture en état « normal »

La transe arrive quand elle arrive et j'écris...

En espérant toucher vos cœurs....

1 / ô Musique !

Toi qui m'emmènes vers des contrées lointaines

Tu es celle qui me fait sentir reine

Quand chaque note se forme dans mon oreille

Il n'y a nul pareil

Toi Musique, je te dédie cette ode

Tu réveilles des entrailles jusqu'au cœur

Cette ardeur qui me transporte jusqu'aux plus hautes sphères

Je renais et oublie le douloureux hier

La destinée m'a menée à toi avec une arrivée magique

Je n'ai aucune hésitation lorsque le son tribal sort de mes toms avec puissance

Ou lorsque je glisse un accord sur le manche féerique

Tu es pour moi la grâce qui donne à ma vie un sens

La première manifestation universelle

Ne fut pas celle du puissant AUM?

Le son vibre avec mon cœur et mon âme

Car il n'y a rien de tel de se sentir transcender par la
mélodie belle

Les plus délicieux des moments viennent

Lorsque je te partage avec d'autres êtres et qu'ils
sont transportés

Cette osmose indéfinissable lorsqu'il y a
communication musicale enchantée

Pareillement lorsque je te crée

Tu es la vie dans mes veines.

1 / Օ՛, երաժշտություն...

Դու, որ ինձ տանում ես հեռավոր երկրներ

Դու ես, որ ինձ թագուհի ես զգում

Երբ ամեն նոտա է ձեւավորվումականջիս մեջ

Չկա այնպիսի բան, ինչպիսին

Դու երաժշտություն, նվիրում եմ այս ode-ն ձեզ

Դու արթնանում ես աղիքներից դեպի սիրտ

Այս ցնդումը, որ ինձ տանում է դեպի ամենաբարձր ոլորտները

Ես վերածնված եմ եւ մոռանում եմ ցավն երեկ

Ճակատագիրն ինձ հասցրել է դեպի քեզ կախարդական ժամանման

Ես չեմ տատանվում, երբ ցեղային ձայնն ուժով դուրս է գալիս իմ տոմերից

Կամ երբ ես սայթաքում եմ հեքիաթային բռնակի վրա

Դու ինձ համար այն շնորհն ես, որ կյանքս իմաստ է տալիս

Առաջին համընդհանուր միջոցառումը

Մի՞թե այդ հզոր ԱՌԻՄ-ը չէր:

Ձայնն տատանվում է իմ սրտով եւ հոգով

Որովհետեւ չկա այնպիսի բան, ինչպիսին գեղեցիկ մեղեդին գերազանցում է

Գալիս են ամենահամեղ պահերը

Երբ ես կիսում եմ ձեզ այլ էակների հետ եւ նրանց տեղափոխում են

Այս անխռով օսմոսը, երբ կա կախարդված երաժշտական հաղորդակցություն

Նույնը, երբ ես ստեղծում եմ քեզ

Դու կյանք ես երակներիս մեջ:

2 / La famille

On ne se choisit pas sa famille de sang

Mais elle peut être parfois merveilleuse

La mienne l'est quelle chance !

Cet amour qui est transmis de générations en générations

Fière je suis de tous ses membres et de mes racines arméniennes!

Sa famille de cœur arrive avec le temps

Je fais vite le tour car ses membres sont peu nombreux

J'ai aussi la chance de pouvoir compter sur eux et leur présence

Pas beaucoup sont capables et ont cette passion

Salvatrice et aimante! la véritable amitié n'a pas de prix et est mienne !

Vous êtes les trésors de ma vie

Car sans vous je ne suis pas

On se porte mutuellement au fil du temps...

Je vous aime tous ma famille!

2 / Ընտանիքը

Դուք չեք ընտրում ձեր արյան ընտանիքը

Բայց երբեմն այն կարող է հրաշալի լինել

Իմն է, ի՞նչ շանս...

Սերնդեսերունդ փոխանցվող այս սերը

Հպարտ եմ, որ նրա բոլոր անդամներից եւ իմ
հայկական արմատներից...

Նրա սիրտը գալիս է ժամանակի հետ

Ես արագ շրջում եմ, քանի որ նրա անդամները քիչ
են

Ես նաեւ բախտավոր եմ, որ կարող եմ հույս դնել
նրանց եւ նրանց ներկայության վրա:

Ոչ շատերն են ընդունակ եւ ունեն այս կիրքը

Փրկե՛լ ու սիրե՛լ... իսկական ընկերությունը անգնահատելի է եւ իմը!

Դու ես իմ կյանքի գանձերը

Քանզի առանց քեզ ես չեմ

Մենք ժամանակի ընթացքում իրար ենք տանում...

Ես սիրում եմ ձեզ իմ ամբողջ ընտանիքը!

3 / LA CHAMBRE NOIRE

ISO c'est comme cela qu'on t'appelle

Tu m'as happée dans ma peine

Je perds la notion d'espace-temps

Je suis engourdie, assommée et pourtant...

Dans ma transe folle je m'envole

Vers des horizons avides de cruautés

Mais je suis culotée

Je ne vais pas te laisser à petit feu me tuer

Par la dévotion et précieuse contribution de certains soignants

Je sors peu à peu de l'agonie

Je vais de l'avant

Et grandis aussi à mes dépends

Cette expérience de prison ensevelie

Je ne la souhaite pas à mon pire ennemi

Car cette chambre noire est une mante religieuse

Toi de ton évasion tu es songeur

Mais elle dévore une partie de ta vie

Et te laisse l'amnésie...

Jusqu'à ce que tu te rappelles tout !

Et malheureusement elle te hantera jusqu'au bout...

3 / ԴԱՐԱԿԱՍԵՆՅԱԿ

ISO-ն այն է, ինչ մենք անվանում ենք Ձեզ

Դու ինձ բռնեցիր իմ վշտի մեջ

Ես կորցնում եմ տիեզերական ժամանակի
գաղափարը

Ես անզգայացած եմ, ապշած ու դեռ...

Իմ խելագար տրանսում ես թռչում եմ

Դեպի հորիզոններ, որոնք քաղցած են
դաժանությունից

Բայց ես խենթ եմ

Ես թույլ չեմ տա, որ դանդաղ սպանես ինձ

Խնամակալների բարեպաշտության եւ
արժեքավոր ավանդի շնորհիվ

Ես աստիճանաբար դուրս եմ գալիս տագնապից,

Ես առաջ եմ շարժվում

Եվ աճում է իմ հաշվին

Այս թաղված բանտի դեպքը

Ես չեմ ցանկանում, որ դա լինի իմ
ամենասարսափելի թշնամու վրա

Որովհետեւ այս մութ սենյակը աղոթող մանտիս է

Դու քո փախուստից մտածված ես

Բայց այն խժռում է ձեզ ձեր կյանքի մի մասը,

Եվ թողեք ձեզ ամնեզիա...

Մինչեւ ամեն ինչ հիշե՛ս...

Եվ, ցավոք, մինչեւ վերջ քեզ կհետապնդի...

4 / ABYSSES

Je suis seule face à ta noirceur

Dans cette chambre possédée et sans couleur

Je plonge dans les bas-fonds

Mon âme s'englouti en tournant en rond

Bientôt elle ne tourne plus

Et s'enfonce de plus en plus

Rien n'a plus de sens

Rien n'existe juste cette noire transe

Je ne cherche même pas à m'en sortir

Nuit noire de l'âme

Quand vais-je partir?

Quand vais-je quitter ce monde qui me tanne?

Jamais !

Je suis là pour ouvrir tes entrailles

Retourner le couteau dans la plaie

Et réveiller ce que tu as occulté pendant toutes ces années

Je cisaille ta plaie pour que tu ailles dans les profondeurs abyssales

Tu ne peux pas fuir ni m'affronter

Je suis juste là

Vis-moi et petite je me ferai!

Fuis-moi et je te tuerai où que tu sois!

4 / Աբիս

Ես մենակ եմ քո խավարի երեսին

Այս սենյակում սեփական եւ առանց գույնի

Ես սուզվում եմ ծանծաղուտների մեջ

Հոգիս կլանված է շրջաններով

Շուտով այլեւս չի շրջվում

Եվ խորն ու խորն է սուզվում

Ոչինչ ավելի տրամաբանական չէ

Ոչինչ գոյություն չունի միայն այս սեւ տրանսը

Ես նույնիսկ չեմ փորձում դուրս գալ դրանից,

Հոգու մութ գիշեր

Ե՞րբ կհեռանամ...

Ե՞րբ եմ թողնելու ինձ ծաղրող այս աշխարհը:

Երբեք!

Ես այստեղ եմ, որ բացեմ քո աղիքները

Դանակը վերքի մեջ պտտեցեք

Եվ արթնացնեք այն, ինչ թաքցրել եք այս բոլոր տարիների ընթացքում

Քո վերքը պատռում եմ, որ անդունդը մտնես

Չես կարող փախչել կամ դեմս

Ես պարզապես այստեղ եմ

Ապրես ինձ ու փոքրիկ ես ինքս ինձ կդարձնեմ!

Փախի՛ր ինձնից, եւ ես կսպանեմ քեզ, որտեղ էլ որ դու ես:

5 / LES MURS

Où en sont les murs?

Ces murs qui nous séparent?

Il n'en reste aucun...

Il n'y a plus aucune raison d'y en avoir

Marraine m'a ouvert l'œil du front

Grâce a elle qui a fait le plus gros je suis réveillée

Je vous aime pour l'éternité n'en doutez jamais

Grâce a vous je suis et j'ai ce que peu ont !

Si vous le désirez nous nous reverrons dans cette vie

Sinon vous avez votre libre arbitre nous seront
connectés en esprit

Nous nous retrouverons de toute façon

Loin de ce monde matériel, en osmose avec le reste du monde

Nos vœux de départ ont été respectés

Même si ce fut très difficile

Quelle épreuve cette vie! Ceci dit ...

Il n'y a aucun mur entre nous car il n'y en a jamais eu en vérité...

5 / ՊԱՏԵՐԸ

Որտե՞ղ են պատերը:

Այն պատերը, որոնք բաժանում են մեզ:

Մնացել է ոչ մեկը...

Այլեւս որեւէ պատճառ չկա ունենալու

Աստվածամայրը ճակատից բացեց աչքս

Շնորհակալություն նրան, ով ամենամեծն է արել
ես արթուն եմ

Ես սիրում եմ քեզ հավերժության համար երբեք
չկասկածել

Շնորհակալություն ձեզ, ես եւ ես ունեմ այն, ինչ
քչերն ունեն!

Եթե կուզեք, որ այս կյանքում կրկին տեսնենք
իրար

Այլապես դուք ունեք ձեր ազատ կամքը, մենք կապվելու ենք հոգով

Ամեն դեպքում նորից կհանդիպենք

Հեռու այս նյութական աշխարհից, օսմոսում մնացած աշխարհի հետ

Մեր մեկնման ցանկությունները հարգվել են

Նույնիսկ եթե դա շատ դժվար էր

Ի՜նչ փորձություն է այս կյանքը : Որ ասում էր...

Մեր միջեւ պատ չկա, որովհետեւ իրականում երբեք չի եղել մեկ...

6 / La colère et la haine

La colère nous prend et nous emmène vers la haine

Elle peut te rendre fou

Jusqu' à ne plus ressentir de peine

Juste une envie de destruction et bout à bout

Te conduire vers ce sentiment d'explosion

La colère peut être un début de changement

Donc habiller un aspect positif, en avant

Mais elle peut aussi emmener la douleur

Celle qui fait peur

Et qui tue jusqu'à la haine sans compassion

La haine évolue comme une gangrène

On ne peut pas l'empêcher de grandir

Juste la négation de Soi et une façon de se punir

Car oui personne ne veut être vraiment prit dans la peine

Mais être maître de sa vie

Et pouvoir jouir d'une liberté

Celle de pouvoir se contrôler, gérer

Et ne pas être sous les pierres de la douleur enseveli

6 / Բարկություն եւ ատելություն

Բարկությունը տանում է մեզ եւ տանում ատելության

Այն կարող է խելագարել ձեզ

Մինչեւ դու այլեւս ցավ չզգացնես

Միայն կործանման ու վախճանի ցանկություն

Առաջնորդեք ձեզ դեպի պայթյունի այս զգացումը

Բարկությունը կարող է փոփոխության սկիզբ լինել

Այսպիսով հագնվեք դրական կողմով, առաջ

Բայց այն կարող է նաեւ խլել ցավը,

Նա, ով վախեցնում է

Եվ ով սպանում է մինչեւ ատելության աստիճան առանց կարեկցանքի

Ատելությունը զարգանում է գանգրենայի պես

Դուք չեք կարող կանգնեցնել այն աճելուց

Միայն ինքնամփոփություն եւ ինքն իրեն պատժելու միջոց

Որովհետեւ այո ոչ ոք չի ուզում իրոք ընկնել խնդիրների մեջ

Բայց որ տերը լինի կյանքի

Եվ կարողանալ վայելել ազատությունը

Որ կարողանալ ինքն իրեն կառավարել, կառավարել

Եվ չընթանալ թաղված ցավի քարերի տակ

7 / ANIMAUX ET NATURE

Les animaux et la nature sont aussi précieux que nous Humains!

De la fourmi à la panthère ils ont une âme comme nous...

De l'arbre planté dans la terre à la brindille qui pousse à coté de nos routes

Il y a vie! En espérant que cet appel ne sera pas en vain

Nous ne nous rendons pas compte ou sommes aveuglés mais nous tuons à la chaine !

Idéalement avant de mettre fin à une vie animale ou végétale

On doit respecter cette vie et l'élever sans violence ni haine

Et seulement si besoin est, avant la mort il faut le don de cette vie en principal!

J'espère qu'un jour nous seront capables

Et prendrons conscience de ces vies précieuses

Que tout cela n'est ni utopique ni une fable

Et que l'Humanité verra enfin et ne sera plus aveugle
ni tueuse

Où allons-nous à force de continuer à détruire ce qui
nous fait respirer,

Ceux qui sont sensé être nos bébés ? car oui ils sont
comme tels

Ils n'ont pas la parole mais sont habités et doivent
être respectés

Allons-nous enfin nous réveiller et les prendre sous
notre aile?

Je le souhaite pour l'humanité

Car oui j'ai espoir que nous prenions conscience

De qui nous sommes et ce dont nous sommes
capables en harmonie et liberté

Avec toute vie qui se meut, loin de toute violence...

7/ ԿԵՆԴԱՆԻՆԵՐ ԵՎ ԲՆՈՒԹՅՈՒՆ

Կենդանիներն ու բնությունը նույնքան թանկ են, որքան մենք ՝ Մարդիկս :

Մրջյունից մինչեւ պանտեր նրանք մեզ նման հոգի ունեն...

Երկրի վրա տնկված ծառից մինչեւ մեր ճանապարհներին մոտ աճող ողնուղեղը

Կա կյանք... Յուսանք, որ այս կոչն իզուր չի լինի

Մենք չենք գիտակցում կամ կուրանում, այլ սպանում ենք շղթայում:

Իդեալական է նախքան կենդանու կամ բույսերի կյանքին վերջ դնելը

Մենք պետք է հարգենք այս կյանքը եւ բարձրացնենք այն առանց բռնության եւ ատելության

Եվ միայն անհրաժեշտության դեպքում, մահից առաջ անհրաժեշտ է այս կյանքի պարգեւը գլխավորի մեջ!

Յուսով եմ, որ մի օր մենք կկարողանանք

Եվ իմացեք այս թանկագին կյանքերի մասին

Որ այս ամենը ո՛չ ուտոպիական է, ո՛չ էլ ֆաբլ

Եվ որ մարդկությունը վերջապես տեսնի եւ այլեւս կույր կամ մարդասպան չի լինի

Ո՞ւր ենք գնում՝ շարունակելով կործանել այն, ինչ ստիպում է մեզ շնչել,

Ովքեր պետք է լինեն մեր բալիկները? քանի որ այո, նրանք այդպիսին են

Նրանք ասելիք չունեն, այլ բնակեցված են եւ պետք է հարգվեն

Վերջապես կզարթնենք ու կվերցնենք մեր թեւերի տակ:

Մաղթում եմ, որ մարդկությունն

Որովհետեւ այո ես հույս ունեմ, որ մենք տեղյակ կդառնանք

Ով ենք մենք եւ ինչ ունակ ենք ներդաշնակության եւ ազատության մեջ

Բոլոր այն կյանքով, որ շարժվում է, հեռու որեւէ բռնությունից...

8 / Matrice

Nous, Humains qui menons une vie paisible,

Tranquilles dans le quotidien douillet,

Isolés dans nos têtes, dans notre vie, invisibles?

Tout passe...la vie, le monde, le temps, nous sommes faits !

Faits avec un semblant de liberté!

Nous voilà conditionnés,

Programmés pour être « tranquillisés »

Sans bugs, sans heurts, drogués?

Allons au-delà de la Matrice avec nos âmes!

On n'est pas que cela,

Et certainement pas cela...

Nous ne sommes pas ce drame!

Ressentis, révélations de la Psyché,

Cette envie de vivre comme jamais,

De tout changer, de tout balancer, et être.

Humains, vous sentez ce lien qui nous unis renaître?

Cet instinct qui est plus fort que tout?

Instinct Divin qui se manifeste à qui veut partout?

Voici le début…de quoi? je ne sais pas encore!

A vous de voir…chaque être étant unique en son genre.

8 / Մատրիցա

Մենք՝ մարդս, որ խաղաղ կյանք ենք վարում,

Յանգիստ հանգիստ առօրյայում,

Մեր գլխում մեկուսացած, մեր կյանքում՝ աննկարե՞ս...

Ամեն ինչ անցնում է... կյանք, աշխարհ, ժամանակ, մենք ստեղծված ենք!

Վանդակում առնետների պես պատրաստված!

Այստեղ պայմանավորված ենք,

Ծրագրավորված է լինել «հանգիստ»

Ո՛չ խայթոցներ, ո՛չ բում, թմրադեղեր:

Մատրիցա՛ց անցնենք...

Մենք միայն այդպիսին չենք,

Եվ, անշուշտ, ոչ այդ...

Մենք այս դրաման չենք!

Մեզ ճնշող խենթ ցանկություն,

Ապրելու այս ցանկությունը, ինչպես երբեք,

Ամեն ինչ փոխել, ամեն ինչ սրել ու լինել:

Մարդե՛ր, դուք զգո՞ւմ եք ձեզ միավորող այս
կապը:

Այս բնազդը, որն ավելի ուժեղ է, քան այդ ամենը:

Աստվածային բնազդ, որը դրսեւորվում է ում
ուզում է:

Ահա սկիզբը... Ի՞նչ: Չգիտեմ

Քեզնից է կախված... յուրաքանչյուրն իր տեսակի
մեջ եզակի է:

9 / CE RESSENTI...

J'ai ce ressenti...

Qui me transperce les entrailles

Et me donne des hauts le cœur infinis

Combiens vont réellement aimer les retrouvailles

Se pardonner et apprécier le retour

Sans cette douleur et culpabilité qui est sans détours

Et comprendre pourquoi on est passés tantôt par l'obscurité

Tantôt par la lumière pour pouvoir équilibrer

Ce monde qu'on à rendu imparfait

Combiens vont comprendre l'ampleur de l'élévation

Et du rôle crucial de l'humain dans le monde entier

Car nous sommes attendus par les nations de l'espace

Et toujours aimés par la Divine grâce

Qui nous porte en elle!

Lorsque nous cesserons de nous disputer

Ce prétendu pouvoir et contrôle des autres

Quels qu'ils soient, nous pourrons être les hôtes

Dignes et libres de toutes entraves de l'amour incarné!

9 / ԱՅՍ ԶԳԱՑՈՂՈՒԹՅՈՒՆԸ...

Ես ունեմ այս զգացողությունը...

Որ խոցում է իմ աղիքները

Եվ ինձ անսահման ցավ է պարգեւում

Քանի հոգի կսիրեն վերամիավորմանը

Ներիր ինքդ քեզ եւ գնահատիր վերադարձը

Առանց այդ ցավի եւ մեղավորության, որ պարզ է

Եվ հասկանալ, թե ինչու ենք երբեմն խավարի միջով անցել

Երբեմն լույսի շնորհիվ կարողանալ հավասարակշռել

Այս կարծեցյալ անկատար աշխարհը

Քանիսն են հասկանալու բարձունքի մեծությունը

Մարդու վճռական դերից ողջ աշխարհում

Քանզի մեզ սպասում են տարածության ազգերը

Եվ աստվածային շնորհով միշտ սիրված

Ո՞վ է մեզ տանում դրա մեջ...

Երբ դադարում ենք վիճել

Այս, այսպես կոչված, իշխանությունը եւ ուրիշների վերահսկողությունը

Ինչ էլ որ լինեն, մենք կարող ենք լինել տանտերերը

Արժանի եւ ազատ բոլոր մարմնակազմ սիրո շղթաներից!

10 / MA CREATION

Transcende-toi de ton essence

Je parle à ton âme qui prend tout son sens

Sois comme le lion qui a compris sa prestance

Sa grandeur, sa magnificence!

Contemple-toi tu es Divin!

Ne crois pas les mensonges mais écoute-toi plutôt

Tu es grand et puissant, tu feras le monde de demain

C'est toi qui es co-créateur aussi bien du bas que du haut

Je suis ta source véritable

Et la vie est un immense jeu de sable

Tout se transforme selon ta volonté

Quitte ton cartable

Et écoute ton instinct et ta puissance manifestée

Rentre à la maison et fêtons nos retrouvailles

Et rappelle-toi

Je t'attends ma création divine

10 / ՄԱ ԿՐԵԱՑԻՈՆ

Գերազանցեք ձեզ ձեր էությունից

Ես խոսում եմ քո հոգու հետ, որն իր ամբողջ իմաստն է ստանում

Արյունի պես եղեք, ով հասկացավ իր ներկայությունը

Նրա վեհությունը, նրա հմայքը:

Խորհիր, որ դու Աստված ես:

Մի հավատացեք ստերին, այլ դրա փոխարեն լսեք ինքներդ ձեզ

Դու մեծ ու հզոր ես, վաղվա աշխարհը կդարձնես

Դուք եք, որ միասին ստեղծող եք եւ՛ ներքեւից, եւ՛ վերեւից

Ես ձեր իսկական աղբյուրն եմ

Եվ կյանքը ավազի հսկայական խաղ է,

Ամեն ինչ փոխվում է ըստ ձեր կամքի

Թողեք ձեր դպրոցական պայուսակը

Եվ լսեք ձեր բնազդը եւ ձեր դրսեւորած զորությունը

Գնացեք տուն եւ տոնեք մեր վերամիավորման տոնը

Եվ հիշիր

Ես սպասում եմ քեզ իմ աստվածային արարչության

Remerciements :

Mon père Meguerditch,
Ma mère Victoria : mes trésors !

 Krikor mon cher oncle qui me soutient toujours dans mes projets.
Toute ma famille maternelle et paternelle !
Nicolas mon meilleur ami, Mélanie et Raphaël, William, Virginie et Nicolas, Sue, Emilie, Pascal, Julie et Christophe, l'équipe de choc et tous mes amis fidèles !
Nicolas et Xavier mes chers professeurs qui m'ont donné envie d'aimer la musique et de jamais abandonner la pratique.
Franky qui m'a ouvert les portes de la batterie métal et qui est adorable.
Florian musicien talentueux pour moi et ami, avec
Sébastien, Léo, Benjamin aussi !
Docteur Jean-Raymond Zekri qui me suit et supporte mes folies depuis si longtemps !
Moe que j'admire pour sa créativité et son univers magique !
Marie-Christine qui a un cœur immense et qui m'a ouvert la porte pour pouvoir être en osmose avec les animaux.

Et toutes les personnes qui me soutiennent dans mes projets parfois fous !

Je vous aime !